Nome

Nº

Ano

Período

Data

Para a eventual escrita ou reescrita do texto, devem ser observados os seguintes aspectos:

Elementos linguísticos	Textualidade	Elementos enunciativos
escolha lexical	paragrafação	abordagem do tema
concordância verbal e concordância nominal	coerência textual	adequação ao gênero
regência verbal e regência nominal	coesão textual	intencionalidade do texto
colocação pronominal	informatividade	adequação ao perfil do interlocutor e ao contexto
pontuação	conectividade	estrutura padrão do gênero
ortografia, acentuação	continuidade e progressão textual	variedade linguística/norma-padrão
crase		formalidade/informalidade
pessoas do discurso		adequação ao suporte
clareza		desenvolvimento de ideias

Nome | Nº

Ano | Período | Data

Para a eventual escrita ou reescrita do texto, devem ser observados os seguintes aspectos:

Elementos linguísticos	Textualidade	Elementos enunciativos
☐ escolha lexical	☐ paragrafação	☐ abordagem do tema
☐ concordância verbal e concordância nominal	☐ coerência textual	☐ adequação ao gênero
☐ regência verbal e regência nominal	☐ coesão textual	☐ intencionalidade do texto
☐ colocação pronominal	☐ informatividade	☐ adequação ao perfil do interlocutor e ao contexto
☐ pontuação	☐ conectividade	☐ estrutura padrão do gênero
☐ ortografia, acentuação	☐ continuidade e progressão textual	☐ variedade linguística/norma-padrão
☐ crase		☐ formalidade/informalidade
☐ pessoas do discurso		☐ adequação ao suporte
☐ clareza		☐ desenvolvimento de ideias

Nome

Nº

Ano

Período

Data

Para a eventual escrita ou reescrita do texto, devem ser observados os seguintes aspectos:

Elementos linguísticos	Textualidade	Elementos enunciativos
☐ escolha lexical ☐ concordância verbal e concordância nominal ☐ regência verbal e regência nominal ☐ colocação pronominal ☐ pontuação ☐ ortografia, acentuação ☐ crase ☐ pessoas do discurso ☐ clareza	☐ paragrafação ☐ coerência textual ☐ coesão textual ☐ informatividade ☐ conectividade ☐ continuidade e progressão textual	☐ abordagem do tema ☐ adequação ao gênero ☐ intencionalidade do texto ☐ adequação ao perfil do interlocutor e ao contexto ☐ estrutura padrão do gênero ☐ variedade linguística/norma-padrão ☐ formalidade/informalidade ☐ adequação ao suporte ☐ desenvolvimento de ideias

Nome

Nº

Ano

Período

Data

Para a eventual escrita ou reescrita do texto, devem ser observados os seguintes aspectos:

Elementos linguísticos	Textualidade	Elementos enunciativos
☐ escolha lexical	☐ paragrafação	☐ abordagem do tema
☐ concordância verbal e concordância nominal	☐ coerência textual	☐ adequação ao gênero
☐ regência verbal e regência nominal	☐ coesão textual	☐ intencionalidade do texto
☐ colocação pronominal	☐ informatividade	☐ adequação ao perfil do interlocutor e ao contexto
☐ pontuação	☐ conectividade	☐ estrutura padrão do gênero
☐ ortografia, acentuação	☐ continuidade e progressão textual	☐ variedade linguística/norma-padrão
☐ crase		☐ formalidade/informalidade
☐ pessoas do discurso		☐ adequação ao suporte
☐ clareza		☐ desenvolvimento de ideias

Nome

Nº

Ano

Período

Data

Para a eventual escrita ou reescrita do texto, devem ser observados os seguintes aspectos:

Elementos linguísticos	Textualidade	Elementos enunciativos
☐ escolha lexical	☐ paragrafação	☐ abordagem do tema
☐ concordância verbal e concordância nominal	☐ coerência textual	☐ adequação ao gênero
☐ regência verbal e regência nominal	☐ coesão textual	☐ intencionalidade do texto
☐ colocação pronominal	☐ informatividade	☐ adequação ao perfil do interlocutor e ao contexto
☐ pontuação	☐ conectividade	☐ estrutura padrão do gênero
☐ ortografia, acentuação	☐ continuidade e progressão textual	☐ variedade linguística/norma-padrão
☐ crase		☐ formalidade/informalidade
☐ pessoas do discurso		☐ adequação ao suporte
☐ clareza		☐ desenvolvimento de ideias

Nome

Nº

Ano

Período

Data

Para a eventual escrita ou reescrita do texto, devem ser observados os seguintes aspectos:

Elementos linguísticos	Textualidade	Elementos enunciativos
☐ escolha lexical ☐ concordância verbal e concordância nominal ☐ regência verbal e regência nominal ☐ colocação pronominal ☐ pontuação ☐ ortografia, acentuação ☐ crase ☐ pessoas do discurso ☐ clareza	☐ paragrafação ☐ coerência textual ☐ coesão textual ☐ informatividade ☐ conectividade ☐ continuidade e progressão textual	☐ abordagem do tema ☐ adequação ao gênero ☐ intencionalidade do texto ☐ adequação ao perfil do interlocutor e ao contexto ☐ estrutura padrão do gênero ☐ variedade linguística/norma-padrão ☐ formalidade/informalidade ☐ adequação ao suporte ☐ desenvolvimento de ideias

Nome

Nº

Ano

Período

Data

Para a eventual escrita ou reescrita do texto, devem ser observados os seguintes aspectos:

Elementos linguísticos	Textualidade	Elementos enunciativos
☐ escolha lexical	☐ paragrafação	☐ abordagem do tema
☐ concordância verbal e concordância nominal	☐ coerência textual	☐ adequação ao gênero
☐ regência verbal e regência nominal	☐ coesão textual	☐ intencionalidade do texto
☐ colocação pronominal	☐ informatividade	☐ adequação ao perfil do interlocutor e ao contexto
☐ pontuação	☐ conectividade	☐ estrutura padrão do gênero
☐ ortografia, acentuação	☐ continuidade e progressão textual	☐ variedade linguística/norma-padrão
☐ crase		☐ formalidade/informalidade
☐ pessoas do discurso		☐ adequação ao suporte
☐ clareza		☐ desenvolvimento de ideias

Nome

Nº

Ano

Período

Data

Para a eventual escrita ou reescrita do texto, devem ser observados os seguintes aspectos:

Elementos linguísticos	Textualidade	Elementos enunciativos
☐ escolha lexical	☐ paragrafação	☐ abordagem do tema
☐ concordância verbal e concordância nominal	☐ coerência textual	☐ adequação ao gênero
☐ regência verbal e regência nominal	☐ coesão textual	☐ intencionalidade do texto
☐ colocação pronominal	☐ informatividade	☐ adequação ao perfil do interlocutor e ao contexto
☐ pontuação	☐ conectividade	☐ estrutura padrão do gênero
☐ ortografia, acentuação	☐ continuidade e progressão textual	☐ variedade linguística/norma-padrão
☐ crase		☐ formalidade/informalidade
☐ pessoas do discurso		☐ adequação ao suporte
☐ clareza		☐ desenvolvimento de ideias

Nome

Nº

Ano

Período

Data

Para a eventual escrita ou reescrita do texto, devem ser observados os seguintes aspectos:

Elementos linguísticos	Textualidade	Elementos enunciativos
☐ escolha lexical ☐ concordância verbal e concordância nominal ☐ regência verbal e regência nominal ☐ colocação pronominal ☐ pontuação ☐ ortografia, acentuação ☐ crase ☐ pessoas do discurso ☐ clareza	☐ paragrafação ☐ coerência textual ☐ coesão textual ☐ informatividade ☐ conectividade ☐ continuidade e progressão textual	☐ abordagem do tema ☐ adequação ao gênero ☐ intencionalidade do texto ☐ adequação ao perfil do interlocutor e ao contexto ☐ estrutura padrão do gênero ☐ variedade linguística/norma-padrão ☐ formalidade/informalidade ☐ adequação ao suporte ☐ desenvolvimento de ideias

Nome

Nº

Ano

Período

Data

Para a eventual escrita ou reescrita do texto, devem ser observados os seguintes aspectos:

Elementos linguísticos	Textualidade	Elementos enunciativos
☐ escolha lexical	☐ paragrafação	☐ abordagem do tema
☐ concordância verbal e concordância nominal	☐ coerência textual	☐ adequação ao gênero
☐ regência verbal e regência nominal	☐ coesão textual	☐ intencionalidade do texto
☐ colocação pronominal	☐ informatividade	☐ adequação ao perfil do interlocutor e ao contexto
☐ pontuação	☐ conectividade	☐ estrutura padrão do gênero
☐ ortografia, acentuação	☐ continuidade e progressão textual	☐ variedade linguística/norma-padrão
☐ crase		☐ formalidade/informalidade
☐ pessoas do discurso		☐ adequação ao suporte
☐ clareza		☐ desenvolvimento de ideias

Nome

Nº

Ano

Período

Data

Para a eventual escrita ou reescrita do texto, devem ser observados os seguintes aspectos:

Elementos linguísticos	Textualidade	Elementos enunciativos
☐ escolha lexical	☐ paragrafação	☐ abordagem do tema
☐ concordância verbal e concordância nominal	☐ coerência textual	☐ adequação ao gênero
☐ regência verbal e regência nominal	☐ coesão textual	☐ intencionalidade do texto
☐ colocação pronominal	☐ informatividade	☐ adequação ao perfil do interlocutor e ao contexto
☐ pontuação	☐ conectividade	☐ estrutura padrão do gênero
☐ ortografia, acentuação	☐ continuidade e progressão textual	☐ variedade linguística/norma-padrão
☐ crase		☐ formalidade/informalidade
☐ pessoas do discurso		☐ adequação ao suporte
☐ clareza		☐ desenvolvimento de ideias

Nome

Nº

Ano

Período

Data

Para a eventual escrita ou reescrita do texto, devem ser observados os seguintes aspectos:

Elementos linguísticos	Textualidade	Elementos enunciativos
☐ escolha lexical	☐ paragrafação	☐ abordagem do tema
☐ concordância verbal e concordância nominal	☐ coerência textual	☐ adequação ao gênero
☐ regência verbal e regência nominal	☐ coesão textual	☐ intencionalidade do texto
☐ colocação pronominal	☐ informatividade	☐ adequação ao perfil do interlocutor e ao contexto
☐ pontuação	☐ conectividade	☐ estrutura padrão do gênero
☐ ortografia, acentuação	☐ continuidade e progressão textual	☐ variedade linguística/norma-padrão
☐ crase		☐ formalidade/informalidade
☐ pessoas do discurso		☐ adequação ao suporte
☐ clareza		☐ desenvolvimento de ideias

Nome

Nº

Ano

Período

Data

Para a eventual escrita ou reescrita do texto, devem ser observados os seguintes aspectos:

Elementos linguísticos	Textualidade	Elementos enunciativos
☐ escolha lexical	☐ paragrafação	☐ abordagem do tema
☐ concordância verbal e concordância nominal	☐ coerência textual	☐ adequação ao gênero
☐ regência verbal e regência nominal	☐ coesão textual	☐ intencionalidade do texto
☐ colocação pronominal	☐ informatividade	☐ adequação ao perfil do interlocutor e ao contexto
☐ pontuação	☐ conectividade	☐ estrutura padrão do gênero
☐ ortografia, acentuação	☐ continuidade e progressão textual	☐ variedade linguística/norma-padrão
☐ crase		☐ formalidade/informalidade
☐ pessoas do discurso		☐ adequação ao suporte
☐ clareza		☐ desenvolvimento de ideias

Nome

Nº

Ano

Período

Data

Para a eventual escrita ou reescrita do texto, devem ser observados os seguintes aspectos:

Elementos linguísticos	Textualidade	Elementos enunciativos
☐ escolha lexical	☐ paragrafação	☐ abordagem do tema
☐ concordância verbal e concordância nominal	☐ coerência textual	☐ adequação ao gênero
☐ regência verbal e regência nominal	☐ coesão textual	☐ intencionalidade do texto
☐ colocação pronominal	☐ informatividade	☐ adequação ao perfil do interlocutor e ao contexto
☐ pontuação	☐ conectividade	☐ estrutura padrão do gênero
☐ ortografia, acentuação	☐ continuidade e progressão textual	☐ variedade linguística/norma-padrão
☐ crase		☐ formalidade/informalidade
☐ pessoas do discurso		☐ adequação ao suporte
☐ clareza		☐ desenvolvimento de ideias

Nome

Nº

Ano

Período

Data

Para a eventual escrita ou reescrita do texto, devem ser observados os seguintes aspectos:

Elementos linguísticos	Textualidade	Elementos enunciativos
☐ escolha lexical	☐ paragrafação	☐ abordagem do tema
☐ concordância verbal e concordância nominal	☐ coerência textual	☐ adequação ao gênero
☐ regência verbal e regência nominal	☐ coesão textual	☐ intencionalidade do texto
☐ colocação pronominal	☐ informatividade	☐ adequação ao perfil do interlocutor e ao contexto
☐ pontuação	☐ conectividade	☐ estrutura padrão do gênero
☐ ortografia, acentuação	☐ continuidade e progressão textual	☐ variedade linguística/norma-padrão
☐ crase		☐ formalidade/informalidade
☐ pessoas do discurso		☐ adequação ao suporte
☐ clareza		☐ desenvolvimento de ideias

Nome

Nº

Ano

Período

Data

Para a eventual escrita ou reescrita do texto, devem ser observados os seguintes aspectos:

Elementos linguísticos	Textualidade	Elementos enunciativos
☐ escolha lexical	☐ paragrafação	☐ abordagem do tema
☐ concordância verbal e concordância nominal	☐ coerência textual	☐ adequação ao gênero
☐ regência verbal e regência nominal	☐ coesão textual	☐ intencionalidade do texto
☐ colocação pronominal	☐ informatividade	☐ adequação ao perfil do interlocutor e ao contexto
☐ pontuação	☐ conectividade	☐ estrutura padrão do gênero
☐ ortografia, acentuação	☐ continuidade e progressão textual	☐ variedade linguística/norma-padrão
☐ crase		☐ formalidade/informalidade
☐ pessoas do discurso		☐ adequação ao suporte
☐ clareza		☐ desenvolvimento de ideias

Nome

Nº

Ano

Período

Data

Para a eventual escrita ou reescrita do texto, devem ser observados os seguintes aspectos:

Elementos linguísticos	Textualidade	Elementos enunciativos
☐ escolha lexical	☐ paragrafação	☐ abordagem do tema
☐ concordância verbal e concordância nominal	☐ coerência textual	☐ adequação ao gênero
☐ regência verbal e regência nominal	☐ coesão textual	☐ intencionalidade do texto
☐ colocação pronominal	☐ informatividade	☐ adequação ao perfil do interlocutor e ao contexto
☐ pontuação	☐ conectividade	☐ estrutura padrão do gênero
☐ ortografia, acentuação	☐ continuidade e progressão textual	☐ variedade linguística/norma-padrão
☐ crase		☐ formalidade/informalidade
☐ pessoas do discurso		☐ adequação ao suporte
☐ clareza		☐ desenvolvimento de ideias

Nome

Nº

Ano

Período

Data

Para a eventual escrita ou reescrita do texto, devem ser observados os seguintes aspectos:

Elementos linguísticos	Textualidade	Elementos enunciativos
☐ escolha lexical	☐ paragrafação	☐ abordagem do tema
☐ concordância verbal e concordância nominal	☐ coerência textual	☐ adequação ao gênero
☐ regência verbal e regência nominal	☐ coesão textual	☐ intencionalidade do texto
☐ colocação pronominal	☐ informatividade	☐ adequação ao perfil do interlocutor e ao contexto
☐ pontuação	☐ conectividade	☐ estrutura padrão do gênero
☐ ortografia, acentuação	☐ continuidade e progressão textual	☐ variedade linguística/norma-padrão
☐ crase		☐ formalidade/informalidade
☐ pessoas do discurso		☐ adequação ao suporte
☐ clareza		☐ desenvolvimento de ideias

Nome

Nº

Ano

Período

Data

Para a eventual escrita ou reescrita do texto, devem ser observados os seguintes aspectos:

Elementos linguísticos	Textualidade	Elementos enunciativos
escolha lexical	paragrafação	abordagem do tema
concordância verbal e concordância nominal	coerência textual	adequação ao gênero
regência verbal e regência nominal	coesão textual	intencionalidade do texto
colocação pronominal	informatividade	adequação ao perfil do interlocutor e ao contexto
pontuação	conectividade	estrutura padrão do gênero
ortografia, acentuação	continuidade e progressão textual	variedade linguística/norma-padrão
crase		formalidade/informalidade
pessoas do discurso		adequação ao suporte
clareza		desenvolvimento de ideias

Nome

Nº

Ano

Período

Data

Para a eventual escrita ou reescrita do texto, devem ser observados os seguintes aspectos:

Elementos linguísticos	Textualidade	Elementos enunciativos
☐ escolha lexical ☐ concordância verbal e concordância nominal ☐ regência verbal e regência nominal ☐ colocação pronominal ☐ pontuação ☐ ortografia, acentuação ☐ crase ☐ pessoas do discurso ☐ clareza	☐ paragrafação ☐ coerência textual ☐ coesão textual ☐ informatividade ☐ conectividade ☐ continuidade e progressão textual	☐ abordagem do tema ☐ adequação ao gênero ☐ intencionalidade do texto ☐ adequação ao perfil do interlocutor e ao contexto ☐ estrutura padrão do gênero ☐ variedade linguística/norma-padrão ☐ formalidade/informalidade ☐ adequação ao suporte ☐ desenvolvimento de ideias

Nome

Nº

Ano

Período

Data

Para a eventual escrita ou reescrita do texto, devem ser observados os seguintes aspectos:

Elementos linguísticos	Textualidade	Elementos enunciativos
escolha lexical	paragrafação	abordagem do tema
concordância verbal e concordância nominal	coerência textual	adequação ao gênero
regência verbal e regência nominal	coesão textual	intencionalidade do texto
colocação pronominal	informatividade	adequação ao perfil do interlocutor e ao contexto
pontuação	conectividade	estrutura padrão do gênero
ortografia, acentuação	continuidade e progressão textual	variedade linguística/norma-padrão
crase		formalidade/informalidade
pessoas do discurso		adequação ao suporte
clareza		desenvolvimento de ideias

Nome

Nº

Ano

Período

Data

Para a eventual escrita ou reescrita do texto, devem ser observados os seguintes aspectos:

Elementos linguísticos	Textualidade	Elementos enunciativos
☐ escolha lexical ☐ concordância verbal e concordância nominal ☐ regência verbal e regência nominal ☐ colocação pronominal ☐ pontuação ☐ ortografia, acentuação ☐ crase ☐ pessoas do discurso ☐ clareza	☐ paragrafação ☐ coerência textual ☐ coesão textual ☐ informatividade ☐ conectividade ☐ continuidade e progressão textual	☐ abordagem do tema ☐ adequação ao gênero ☐ intencionalidade do texto ☐ adequação ao perfil do interlocutor e ao contexto ☐ estrutura padrão do gênero ☐ variedade linguística/norma-padrão ☐ formalidade/informalidade ☐ adequação ao suporte ☐ desenvolvimento de ideias

Nome

Nº

Ano

Período

Data

Para a eventual escrita ou reescrita do texto, devem ser observados os seguintes aspectos:

Elementos linguísticos	Textualidade	Elementos enunciativos
☐ escolha lexical	☐ paragrafação	☐ abordagem do tema
☐ concordância verbal e concordância nominal	☐ coerência textual	☐ adequação ao gênero
☐ regência verbal e regência nominal	☐ coesão textual	☐ intencionalidade do texto
☐ colocação pronominal	☐ informatividade	☐ adequação ao perfil do interlocutor e ao contexto
☐ pontuação	☐ conectividade	☐ estrutura padrão do gênero
☐ ortografia, acentuação	☐ continuidade e progressão textual	☐ variedade linguística/norma-padrão
☐ crase		☐ formalidade/informalidade
☐ pessoas do discurso		☐ adequação ao suporte
☐ clareza		☐ desenvolvimento de ideias

Nome

Nº

Ano

Período

Data

Para a eventual escrita ou reescrita do texto, devem ser observados os seguintes aspectos:

Elementos linguísticos	Textualidade	Elementos enunciativos
escolha lexical	paragrafação	abordagem do tema
concordância verbal e concordância nominal	coerência textual	adequação ao gênero
regência verbal e regência nominal	coesão textual	intencionalidade do texto
colocação pronominal	informatividade	adequação ao perfil do interlocutor e ao contexto
pontuação	conectividade	estrutura padrão do gênero
ortografia, acentuação	continuidade e progressão textual	variedade linguística/norma-padrão
crase		formalidade/informalidade
pessoas do discurso		adequação ao suporte
clareza		desenvolvimento de ideias

Nome

Nº

Ano

Período

Data

Para a eventual escrita ou reescrita do texto, devem ser observados os seguintes aspectos:

Elementos linguísticos	Textualidade	Elementos enunciativos
escolha lexical	paragrafação	abordagem do tema
concordância verbal e concordância nominal	coerência textual	adequação ao gênero
regência verbal e regência nominal	coesão textual	intencionalidade do texto
colocação pronominal	informatividade	adequação ao perfil do interlocutor e ao contexto
pontuação	conectividade	estrutura padrão do gênero
ortografia, acentuação	continuidade e progressão textual	variedade linguística/norma-padrão
crase		formalidade/informalidade
pessoas do discurso		adequação ao suporte
clareza		desenvolvimento de ideias

Nome

Nº

Ano

Período

Data

Para a eventual escrita ou reescrita do texto, devem ser observados os seguintes aspectos:

Elementos linguísticos	Textualidade	Elementos enunciativos
☐ escolha lexical	☐ paragrafação	☐ abordagem do tema
☐ concordância verbal e concordância nominal	☐ coerência textual	☐ adequação ao gênero
☐ regência verbal e regência nominal	☐ coesão textual	☐ intencionalidade do texto
☐ colocação pronominal	☐ informatividade	☐ adequação ao perfil do interlocutor e ao contexto
☐ pontuação	☐ conectividade	☐ estrutura padrão do gênero
☐ ortografia, acentuação	☐ continuidade e progressão textual	☐ variedade linguística/norma-padrão
☐ crase		☐ formalidade/informalidade
☐ pessoas do discurso		☐ adequação ao suporte
☐ clareza		☐ desenvolvimento de ideias

Nome

Nº

Ano

Período

Data

Para a eventual escrita ou reescrita do texto, devem ser observados os seguintes aspectos:

Elementos linguísticos	Textualidade	Elementos enunciativos
escolha lexical	paragrafação	abordagem do tema
concordância verbal e concordância nominal	coerência textual	adequação ao gênero
regência verbal e regência nominal	coesão textual	intencionalidade do texto
colocação pronominal	informatividade	adequação ao perfil do interlocutor e ao contexto
pontuação	conectividade	estrutura padrão do gênero
ortografia, acentuação	continuidade e progressão textual	variedade linguística/norma-padrão
crase		formalidade/informalidade
pessoas do discurso		adequação ao suporte
clareza		desenvolvimento de ideias

Nome

Nº

Ano

Período

Data

Para a eventual escrita ou reescrita do texto, devem ser observados os seguintes aspectos:

Elementos linguísticos	Textualidade	Elementos enunciativos
escolha lexical	paragrafação	abordagem do tema
concordância verbal e concordância nominal	coerência textual	adequação ao gênero
regência verbal e regência nominal	coesão textual	intencionalidade do texto
colocação pronominal	informatividade	adequação ao perfil do interlocutor e ao contexto
pontuação	conectividade	estrutura padrão do gênero
ortografia, acentuação	continuidade e progressão textual	variedade linguística/norma-padrão
crase		formalidade/informalidade
pessoas do discurso		adequação ao suporte
clareza		desenvolvimento de ideias

Nome

Nº

Ano

Período

Data

Para a eventual escrita ou reescrita do texto, devem ser observados os seguintes aspectos:

Elementos linguísticos	Textualidade	Elementos enunciativos
escolha lexical	paragrafação	abordagem do tema
concordância verbal e concordância nominal	coerência textual	adequação ao gênero
regência verbal e regência nominal	coesão textual	intencionalidade do texto
colocação pronominal	informatividade	adequação ao perfil do interlocutor e ao contexto
pontuação	conectividade	estrutura padrão do gênero
ortografia, acentuação	continuidade e progressão textual	variedade linguística/norma-padrão
crase		formalidade/informalidade
pessoas do discurso		adequação ao suporte
clareza		desenvolvimento de ideias

Nome

Nº

Ano

Período

Data

Para a eventual escrita ou reescrita do texto, devem ser observados os seguintes aspectos:

Elementos linguísticos	Textualidade	Elementos enunciativos
☐ escolha lexical	☐ paragrafação	☐ abordagem do tema
☐ concordância verbal e concordância nominal	☐ coerência textual	☐ adequação ao gênero
☐ regência verbal e regência nominal	☐ coesão textual	☐ intencionalidade do texto
☐ colocação pronominal	☐ informatividade	☐ adequação ao perfil do interlocutor e ao contexto
☐ pontuação	☐ conectividade	☐ estrutura padrão do gênero
☐ ortografia, acentuação	☐ continuidade e progressão textual	☐ variedade linguística/norma-padrão
☐ crase		☐ formalidade/informalidade
☐ pessoas do discurso		☐ adequação ao suporte
☐ clareza		☐ desenvolvimento de ideias

Nome

Nº

Ano

Período

Data

Para a eventual escrita ou reescrita do texto, devem ser observados os seguintes aspectos:

Elementos linguísticos	Textualidade	Elementos enunciativos
escolha lexical	paragrafação	abordagem do tema
concordância verbal e concordância nominal	coerência textual	adequação ao gênero
regência verbal e regência nominal	coesão textual	intencionalidade do texto
colocação pronominal	informatividade	adequação ao perfil do interlocutor e ao contexto
pontuação	conectividade	estrutura padrão do gênero
ortografia, acentuação	continuidade e progressão textual	variedade linguística/norma-padrão
crase		formalidade/informalidade
pessoas do discurso		adequação ao suporte
clareza		desenvolvimento de ideias

Nome

Nº

Ano

Período

Data

Para a eventual escrita ou reescrita do texto, devem ser observados os seguintes aspectos:

Elementos linguísticos	Textualidade	Elementos enunciativos
☐ escolha lexical	☐ paragrafação	☐ abordagem do tema
☐ concordância verbal e concordância nominal	☐ coerência textual	☐ adequação ao gênero
☐ regência verbal e regência nominal	☐ coesão textual	☐ intencionalidade do texto
☐ colocação pronominal	☐ informatividade	☐ adequação ao perfil do interlocutor e ao contexto
☐ pontuação	☐ conectividade	☐ estrutura padrão do gênero
☐ ortografia, acentuação	☐ continuidade e progressão textual	☐ variedade linguística/norma-padrão
☐ crase		☐ formalidade/informalidade
☐ pessoas do discurso		☐ adequação ao suporte
☐ clareza		☐ desenvolvimento de ideias